AF260632